봄의 향연

심지시선 053

봄의 향연

2025년 3월 28일 초판 1쇄 발행

지은이 성완용
펴낸이 윤영진
기획편집 함순례
홍 보 한천규
펴낸곳 도서출판 심지
등록 제 2003-000014호
주소 34570 대전광역시 동구 대전천북로 12
전화 042 635 9942
팩스 042 635 9941
전자우편 simji42@hanmail.net
ⓒ성완용 2025
ISBN 978-89-6627-267-9 03810

* 저자와의 협의에 의해 인지를 생략합니다.
* 이 책 내용의 전부 또는 일부를 재사용하려면 저자와 심지 양측의 동의를 받아야 합니다.

심지시선 053

봄의 향연

성완용 시집

시인의 말

단풍 물든 나이에
나의 심정,
읽고, 보고, 들은
해방 후 찌든 삶에 지나온 일들을
생각나는 대로 푸념 같은 시 한 수 몇 줄 써서 올리오니
좋게좋게 읽어주시면 고마울 뿐입니다.

단풍잎 떨어지고 눈보라 칠 때
함박눈 쌓이면 나도 없겠지요.

2025년 봄
후평 성완용

차례

시인의 말 05

제1부 어머니와 고향

고향 13
고향에 묻어두고 온 입맛 1 19
고향에 묻어두고 온 입맛 2 21
만년萬年의 사랑 25
불심佛心— 비구니 28
하늘에 편지 30
가난 31
그림을 그려 보자 32
반달 33
어머님 눈물 34
단 하나뿐인 내 아들 36
어머님 밭 38
묵은 정성 40
연꽃 41
초근목피草根木皮 42

제2부 꿈의 이야기

꿈 1— 희망　45

꿈 2— 소망　46

꿈 3— 성공　47

꿈 4— 중국 오기吳起의 출세욕　48

꿈 5— 시기　50

면面 서기　51

무지개 1　52

무지개 2　54

사계절을 적시는 비　56

소금 캐는 아낙　57

당신　58

빙송氷松　59

원두막　62

이야기— 하나　63

이야기— 둘　64

이야기— 셋　65

이야기— 넷　66

이야기— 다섯　67

이야기— 여섯　68

제3부 애달픈 꽃들의 합창

봄의 향연　73
생사生死 1　74
생사生死 2　76
뒤돌아보며　78
빗방울의 이별　80
서른 그리고 여덟　82
아들아 어서 가라　84
매화 1　87
매화 2　88
매화 3　89
매화 4　90
봉선화 1　91
봉선화 2　92
봉선화 3　93
옥잠화 1　96
옥잠화 2　97

제4부 늦가을 빈 가슴

그리운 이에게 101
빈 가슴 105
시냇물 흐르는 곳 108
안서雁書 110
아내— 초혼 111
아내— 초년 고생 112
가을의 소리 114
아침 116
귀뚜라미 1 117
귀뚜라미 2 118
늦가을— 초로 120
오 사랑 122
시작 124
암흑暗黑 126
촛불 127
사랑은 늘 도망가는가 봐 128

〈일러두기〉
*본문에서)는 '단락 공백 표시'로 한 연이 새로 시작된다는 표시이다.

제1부
어머니와 고향

고향

동쪽 까막산* 새들이 날고
뜨는 해 바라보며 마음을 다지며
더 더 열심히 공부하자
청운靑雲의 꿈을 품었지

남쪽 오대산吾垈山 대청마루에서 바라보면
높이 솟은 해 두 팔 크게 펼치며 가슴을 열고
포부와 희망을 키워 왔지

서쪽 둥둥 산 저녁노을 쌓이면
동네 어른들 말씀하기를
모두 둥글둥글 살아갈 마을이라고,

북쪽 어래산御來山 밑 뒤뜰
사향산麝香山 줄기 이어 삼신산三神山 정기 어려
어머님이 항상 말씀하셨지
이곳에서 어사御使가 나올 것이라고,

눈 뜨면 앞동산 까치가 지저귀고
아래위 두 당골 이어주는
당堂 집은 갈림길 이정표였지
나와라 모여라 아이들의 씨름 장터,

동네 샘터에 모두 나와 세수하고
넘치는 물은 미나리 광으로 콸콸
개구리~ 개골개골 맹꽁이 맹~ 맹 맹꽁

동네 한복판 개울물에
중 투라지 송사리 미꾸라지 헤엄치다 숨고
가재는 돌 바위에서 나를 기다리고
돌메기 뱀장어 잡아 나누어 먹었지,

쓰레골에서 다래 순 취나물 뜯고
바랑골에서 고주박이 두들기고
화골에서 나무 찍어 지게에 메고
왕도곡王都谷 선산 찾아 절을 했지,

〉
안태 넘어가면 보리깜부기 밀 청태 내음
입술은 검정을 발랐지만
밭둑 널린 어린 찔레 꺾어 먹었지

따가운 햇빛 아래 땀범벅인데도
담뱃잎 따서 건조실에 줄 매고
화독 연탄불에 감자 냄새
주인 얼굴이야 숯검정 되고

샘 넘어 밭에 토란, 고구마, 채소, 고추 심고
오디 따고 털복숭아 어머니 선물
작은 화골 따비밭** 조 수수
가지 버섯, 싸리버섯 몇 개 안 되네

풀피리, 보리피리 흥을 돋우며
보리타작, 도리깨질 밀 홀 키
옥시기 하모니카 입에 물고

누런 황금들 메뚜기 방아깨비 잡아

누렁벼 익으면 논 물꼬 돌개를 치면서
엉금엉금 기는 새우며 방개를 잡고
가을걷이 모두 끝나 할 일 없다고 하며
음벙 둠벙 물 퍼서 미꾸리 잡았지.

당골 뜰에 세운 초등학교 운동장에서
빡빡머리 댕기 머리들 어울리며
여자들 고무줄놀이 오빠 생각
남자들이야 비석 치기 놀이, 가위바위보

뛰고 달리고 토닥거리고
성내다 말고 뒤돌아보면서 웃고
벚꽃 활짝 핀 희망찼던 얼굴들

저수지 외딴 터에는 꼬마 박 서방
응달 말에는 바둑 잘 두는 나이 많은 조카

양달 말에는 작은할아버님 무서웠고
아래 뒤 벌 보리죽 부자는 나를 반겨 주었지

어깨동무 친구 약방 말에
방죽 넘어 친구는 놀러 와 그림을 그리고
맨 앞줄 옆으로 나란히 한 친구
이마받이 씨름에 피를 흘리면서 병원에 업혀 갔지

진달래, 아카시아꽃 서로 따서 주고받고 먹으며
십 리 넘는 친구 집에 놀러 가
밤늦게 노래 부르며 걸음이 아까웠네

자치기 제기차기 딱지치기 찔러 먹기며
팽이 돌리기 구슬치기 못 치기
삼팔선 넘으면서 땅 뺏기 싸움질하면서도
언제 그랬는지 두 손 잡으며 지냈지

사촌 형제 한 살 차이 네 놈들 같은 별명

이름 첫 자에 불알

영부랄 왕부랄 광부랄 장부랄

동네 휘저으며 말썽도 많았는데

엊그제 고향을 떠날 때는

내 나이 40이었는데

이제는 주름살 손 다리미질

인생칠십고래희人生七十古來稀가 무색하구나!

왜 이리 자꾸자꾸

아지랑이같이 피어오를까?

고향이 그렇게도 그리울까?

   * 오성산(烏城山)
   ** 따비로나 갈 만한 좁은 밭.

고향에 묻어두고 온 입맛 1

봄 동산 갈잎 속에 보일 듯 말 듯
꿩 알 예닐곱 개 어미 따뜻한 체온이 남아
늦봄 손맛으로 느껴보는 비린 맛이여

논물 빼고 새우 잡고, 도랑 쳐 가재 잡아
무 쩍쩍 대파 넣어 얼큰한 찌개 끓여
게 눈 감추듯 먹고 나면
서로 마주 보며 웃음만 가득

가을이 시작되는 입추
송사리 미꾸리 잡아 호박잎 뚝뚝 따 소금 척척 뿌려
고추장도 듬뿍 혀가 매워 눈물도 말아먹었지

산마루 노루 몰이 훠이훠이 소리
노루가 제 방귀에 놀라 눈밭에 넘어지면
허연 배추 파란 시금치 무우 넣고
손 젓가락으로 찍어 보는 샤부샤부
뜨거워도 입술 호호 불며 먹었지

〉
겨울 초저녁 밤
지붕 속 뒤져 잡은 참새
질화로 잿불에 굽는 냄새
이웃사촌 모여 손톱으로 나눠 먹던 그 맛
아! 고것 봐라
참! 맛있네!
그 진미를 내 어이 잊으리

고향에 묻어두고 온 입맛 2

단옷날 밤 즐거워라
늘어진 풀잎에서 그네 타는 가재
등딱지 패랭이 떼어 내고 마늘잎 듬뿍, 빨갛게 익어
이가 아프도록 아드득 씹어보고

뜨거운 여름날 옷 훌훌 벗고
개울 풀숲 얼기미* 대고 앞발 굴러
쭝투라지 붕어 피라미 한꺼번에 몽땅
고춧가루 듬뿍 매운탕 일미

모 잘 크라 아이 논매고는
아낙이며 남정네들 방이나 마루에서
뒤집고 볶은 기름 적
누가 먼저인지 두서없이 와자지껄

짜들었던 얼굴 펴지는 웃음 꽃

소나기 이틀 장맛비 설거지 끝나면

하늘에서 도랑으로 떨어진 미꾸라지
소금으로 씻어내 펄펄 끓인 추어탕
남정네들 서고 여자들 모여서
막걸리 한 사발은 날굿이 십상이라

가르마 논 밭둑길
방아깨비 때까치 내 손에 서서
인사를 꾸벅꾸벅
실개천 돌다리 뛰어넘는 맛

초가을 알 알 벼 익어갈 때
지푸라기에 숨바꼭질 뜸부기
나무 꼬치에 찔러 밀가루 듬뿍 바르면
통닭보다 더 커진 샐러드
베어서 동네 사람 작은 잔치

구렁 방죽 기는 우렁이
수염 길고 눈만 껌뻑껌뻑 징거미

반찬거리 찌갯거리 국거리
온 식구 모여 수염까지 아삭아삭

한더위 지나면 둥그레 넣은 흰밥
고구마 줄거리 돼지감자 도라지 잔대
간장에 볶아 장아찌 입맛 돋우니
얼~ 쑤 힘이 나네

설 추석 이틀 전에 돼지 잡아 동네 돌부리
김치 가득 채운 순대 한 첨 더 먹으려고
눈 크게 뜨고 군침 흘리지

해마다 입동立冬 전 전날인가?
좋은 배추는 항아리에 담고
곁 배추 찢긴 것도 모두 버무려
탁 막걸리 한 사발에 푸른 김치 내음 맛

눈 많이 쌓이면 벙거지 쓰고

토끼 발짝 따라 그물 치고
어여! 어여! 몰이꾼들
굴 앞에 청솔가지 불 때서 튀어나온 토끼

배꼽에다 입바람 후 후 가죽은 귀마개 거리
뜨거운 간 여러 쪽 썰어
용왕부터 나이 많은 분 소금 찍어 하늘 쳐다보면서 꼴깍
뼈 안 바르고 다섯 도막 쳐서
무 숭숭 썰어 마늘 넣은 토끼탕

사촌 육촌 이웃집 부르면
아이 노인장 남녀 할 것 없이
먹고 떠들고, 입 툭툭 와자지껄
아! 고것 봐라
참! 맛있네!
아~ 고향인 이 맛
텁텁 맛깔스러운 산야촌山野村 일미

  * 얼기미 : 음성에서 구멍이 큰 체를 말함.

만년萬年의 사랑

큰 산 작은 산 실개천 큰 강까지
불, 바다 터져 용암수 끓고
화산재 하늘 높이 솟을 때

우리의 만남은 태고太古
털갈이하는 가을
나는 산을 오르는 망아지
당신은 들판에서 뛰는 망둥이

언어 없는 미지의 대자연
큰 뽕나무 밑 작은 옹달샘에서
사랑이 무언지 모를 때
서로 마음을 전했지

당신 흰무늬에 수놓은 털
나의 가슴 껌정 털 하늘로 솟고
서로 앞다리 들어 힘 있게 마주치며
미지를 약속하며 환한 웃음

〉
서로 얼굴 쳐다보며 하늘에 맹세한다고
땅이 무너져도 변치 않는다고
서로 앞다리 들어 사랑한다고
머리, 두 귀 흔들며 헤어지지 않는다고

궁둥이 비비며 좋아라 또 만나자고
뒷다리 서로 치며 힘껏 살아갈 거라고

어느 날 둘 어버이 사라지며
우리도 흩어졌지
단 한 번의 사랑만 간직하고

연년 해가 넘어가고
백 백 년 세월은 바람을 타고
천 천 년 강산이 바뀌고
만년을 지나도 만나지 못했지

그리움만 사무치고
만년이 지나도 변하지 않은
외로운 기다림
고이고이 간직하고 있었지

어느 행랑이 중신하기에
한 번 선 본 것이
태고 이전의 사랑을 되찾아
둘만이 호롱불을 켜고
만년의 사랑이 이루어지던 날!

불심 佛心
— 비구니

티끌 하나 없는 하늘 무명천
초록 풀을 먹여 마름질한 땅
산사에

햇빛 반짝이는 머리
백옥을 닮은 목덜미 살빛
붉은 가사 걸치고

바람에 흔들리는 나무처럼
세상은 흘렀어도
그리움에 매달리는 인간사 살 걸음 꼭꼭 밟아
미워하는 모든 사람 오직 사랑 하나만을
두 손 모아 빌어 보는

푸른 하늘
마음으로 다시 색칠하고
맑은 계곡에 돌이 되어
흐려지지 않고 물들지 않는

촛불을 든 마음

커갈수록 몸을 숙이는 소나무
해가 갈수록 욕심 없는 거북이
절 지키는 일주문에 선 향나무

구름은 만물을 채우고 나서야
냇물이 되어 흐르고
속세에 오선지 펼치면 기타 소리 화안和顔이
심장이 울렁이는데

버려라 버려라 다 버려라
목탁 깨우침
사랑까지도 모두 버리고
흔적도 남기지 않고 간
비구니들이여

하늘에 편지

슬프다! 슬프도다!
하늘에 계신 어버이시여
날 기르고 가르친 것이
높고 넓은 줄 미처 몰랐는데
자식 낳으니 어렴풋이

하늘에 계시어도
그 언덕 너무 커서
부모 은덕 갚으려 해도
이제야 생각이 나니
하늘에 편지를 띄워본다

인자하시지 우리 어머니
바느질하여 길 떠나는 아들의 옷을 짓고
니 아비 지던 지게
작대기 손에 쥐여주며 눈물이 글썽
보잘것없는 자식의 마음
봄날 다사로운 햇살로 보답하리라

가난

풋보리 모가지 끊으면서
송홧가루 물 배 채우고
유월이 비실비실
웬수 같던 더위야

언덕길에 누운 어린 토끼
가슴이 찢어지랴
옥수수 한 통 따가며
기다리던 볏 나락 하나

허리끈만 졸라맨 채
속절없이 늙어지면
비우고 눈감아도
허리까지 휘던 가난

그림을 그려 보자

푸른 하늘 오리고
바다를 담아
산을 옮겨 집을 지어 보자

동구 밖 느티나무 할아버지의 구수한 이야기도 담고
아버지 손 잡고 걷던 모습도
어머니의 함박눈 같은 포근함도 담아보자

아기의 재롱 크레용으로 칠하고
누나의 노랫소리 오선지에 그리며
가슴속 사랑을 노랑으로 칠해보자

세상을 다 그려 보자
청색 도자기 꿈, 저녁노을 붉은 햇살
달 별빛까지 그려 보자

반달

고조선 태곳적 홍익인간
고구려 국내성 호랑이 용사도
신라의 첨성대 문화도
백제의 낙화암 슬픔도 보았지

태산, 장백산 함께하고
광야를 달리던 말굽 소리 우렁찼고
통일의 기상 한마음
섬세한 도자기도 만들었지

지금도 보고 있네
빈 하늘 나뭇가지에 앉아 기웃거리며
부엉이 소리 들리는 고향 하늘
바람과 구름을 불러 소식 전하네

아직도 보고 있네
한 저녁 시들은 반 중천에 떠서
오시지 못하는 어머님 생각에
별빛 흐리며 그리움을 주고 있음을!

어머님 눈물

나를 힘들게 낳으시고
조상님들에게 보내는
기쁨의 눈물

아버지의 생이별은
너무 괴로웠던
가슴마다 속앓이 눈물

누이 시집보내며
혼수 보내지 못하여
가난이 서러웠던 눈물

아들 얼굴 크게 찢어질 때
큰 흉 될까
걱정하며 안쓰러웠던 눈물

군대 떠나보내며
살아오기를 바라던

뒤돌아서 흘리시던 눈물

공무원 면접시험 낙방
못된 나라 법
세상을 원망하는 눈물

음성군 맹동면 면 서기 발령장
치마폭에 감싸 쥔
마음마저 행복한 눈물

이제 천상으로 가시는 날
아무 말 없이 떠나니
그리움 젖어 영 영의 눈물

단 하나뿐인 내 아들

예닐곱 살 외아들 하나
약한 아들 쌀풀 쑤어 먹이고
바람에 날아갈까 기죽을까
응석받이 더위 먹을까 얼까
가슴 졸이며 마음 못 놓았지

옷 한 벌이라도
색동저고리 무명 바지
코에서는 맑은 콧물 주르르 흘러
손 팔뚝에 닦으면
하루도 못 입어 쌀풀 발랐지

엄지발가락 뒤꿈치 나오는
구멍 난 목양말
등잔불 밑에서 헌 헝겊 대고
기워 발에 꼬여 주고

병색에 쪼들린 듯

몸도 걸음도 비실비실 삐딱 삐딱
키도 제일 작아 맨 앞줄
언제 커서 사람 되고 사람 구실 할까?

영화를 보려는 생각 하지 않으시며
그래도 희망을 잃지 않았지
잘 될 거야!
이 세상에 최고 최고!
꿈을 심어주신
어머님 마음

어머님 밭

가난에 시달리다 보니
샘 너머 산을 개간하란다
어렵고 힘들게
따비밭 70평 일구어
고마워 절을 하며 좋아했지

고구마 감자 심으며 광주리 점심으로 때우고
밭둑에 호로 채기 미루나무 심고
뽕잎 따서 누에고치 치고
개복숭아 벌레 먹은 놈 앞치마에 싸 와
아들 먹이며 흐뭇해하셨지

일 년 도지 쌀 한 짝 내고 얻는 200평
새참 싸서 가는 화골 밭에서는
작살 밭 일구어 김매면서
돌멩이 주어 밭둑으로 던지면서도
배고프고 땀 흘려도 힘이 났었지

살 나쁜 곳 조 수수깡
살 좋은 곳 콩 심고
밭둑, 산비탈까지 녹두 심고
멍석딸기 익은 놈 대소쿠리에 담아
공부 잘해 딸기 같은 사람 되라고

임질 보따리 장사해서
새로 장만한 뒤 벌 밭에는
삽질 괭이질 밭둑 도랑 내고
갈푸덕 베어 인분 뿌려 거름 만들고
잘 자란 나무 팔아 아들놈 월사금 주었지

미루나무 베어진 자리에는 버섯이 싱글벙글
빨간 고추 대광주리 담아서는
길가 지나가는 사람 붙들고
이 땅은 아들 땅이라면서
자랑하시던 어머님의 밭이었네!

묵은 정성

정월 열 이렛날쯤
고추씨 뿌리고 정성을 들인다

새싹 자라나
많은 열매 바라면서
아들같이 키운다

아버지 그리움 묻고
학교에 간 아들 생각

쑥쑥 자라나는 고추
햇빛만 덩그렇게 비추어라
아들을 향한 북향의 큰 절

샘 넘어 고추밭 지주대에 남긴
어머님의 애틋한 묵은 정성

연꽃

부처님이 사랑하여
진흙을 이기고 빚어
천 년의 미소를 머금는다

속세를 떠난 마음
비우고 비운 손이 팔지 문양
와당瓦當에 새기고

하늘과 땅 아우르고 아울러서
굽이굽이 세상 돌아가도
암흑 속에서 빛나는 연꽃

드넓게 펼쳐지는 인생살이도
나쁘다 서럽다 하지 않고
고즈넉한 정취로 물들이는 연꽃

초근목피 草根木皮

송홧가루 조당수에 얼굴 비추고
꽁보리, 설익은 감자밥, 묵은 신 김칫국
뫼 칡뿌리 찾고 소나무 껍질 벗기어도
비어 있는 창자가 피리를 분다

봄이 오자마자 냉이며 쑥이며
오디에 검은 입술 산딸기 얼굴
모심은 논 거북 등딱지
손가락 꼽아가며 기다리는 쌀밥 먹는 날

깐난이 빈 젖 물리는 어머니
배 꺼질까 봐 뛰지 말라 하며
얼굴에 굵은 주름살 낀 아버지
맹물 바가지에 찌는 초근목피

제2부
꿈의 이야기

꿈 1
— 희망

흙에 사는 굼벵이 삼 년
매미는 오직 하나의 꿈
어둠을 깨치고
한 걸음씩 나무를 향해

고꾸라지고 일어나며
둥글며 더딘 발걸음
탈 바꾸려고 온 힘
여름 삼 개월의 소원

날갯짓 하늘로 솟고
높은 나뭇가지에 올라
영롱한 이슬 먹으며
시원하게 노래 부르는 것

꿈 2
— 소망

어머니
정월 열나흘 밤
달빛 아래 목욕재계

고사떡 백설기에
정화수 올려놓고
지성으로 소지를 태우면서

천지황제天地皇帝 님께
또 달 별을 보고 북향재배
성심으로 빌어 본다

비나이다 비나이다
천지신명께 비나이다
딱 하나 바라는 것

꿈 3
— 성공

맷돌 같은 몸부림

뼈저린 고통

일편단심一片丹心

청운靑雲의 꿈

산 넘고

하늘을 향해

용의 머리

바다에서 치솟으려

세상 등지고

글공부만

인고忍苦 10년

오동나무 큰 뜻

바보 같은 세월

오직, 단

알성급제謁聖及第

어사화御史花

꿈 4
— 중국 오기吳起의 출세욕

젊은 나이에
큰 배포 통 크게
제후諸侯 찾아가서 군자금 주다
재산을 몽땅 탕진했지

주위에서 빈축을 사니
비방하는 자 30명을 죽이고
도망치면서 어머님 앞에서
팔뚝을 꽉 깨물어 피로 맹세했지

증자曾子 밑에서 공부하던 도중
어머니 장례식에도 가지 않아
불효의 죄, 보기 좋게 퇴학 처분
다른 선생 찾아가 병법 학교 수석 졸업

이 나라 저 나라 기웃거리다가
노魯나라 장군 되기 위해
적국 나라인 아내를 죽이면서

〉
위衛나라로 도망가
졸병 등창 피고름 입으로 빨며
승승장구 승전하여 대장군
끝내 그리던 재상 올랐지

출세하는 지름길
제왕에게 아부하고
각박잔폭 刻薄殘暴
인정도 없는 오기의 출세

꿈 5
— 시기

이고 지고 힘들어도
희망을 찾는 언덕
막 오르려고 하면
시기하는 악마는 칼을 들고
가로막는다

하늘이 빚은
언어가 나오기 전
굳은 믿음으로 향하면
앞에 손잡고 있는 어머니
뒤에서 밀어주고 있는 이

쓴맛을 무언의 힘으로
침묵을 지키는 그림자
횃불을 든다
자유를 찾으려는 여명黎明
마지막 비치는 낙조落照

면面 서기

동네 아전
만민의 본보기
한금령漢錦嶺 백마령白馬嶺
부리나케 넘나들며 지켜 주는 이

구장 이장 모두 나와
자기 마을 지켜 달라
고맙다고
반가움이 손잡고 물어보고

면장이나 군수가
청백리상 주면서도
주변머리 하도 없다,
별 호칭은 평생 면 서기

임질하시며 두 발 걸음 빠른 손길
걸리고 또 걸려서 먹지도 않으면서
면 서기 아들이 자랑스러운
하늘에 가신 별 하나

무지개 1

소 잔등 허리에
소낙비
나뭇잎을 깨끗이 닦아 주고

옹달샘에서 피어오르는
반짝 안산 햇볕을 머금으면
용 머리 꼬리 뒤흔들면서 솟구치며

그리움이 풀잎에 앉으면
어머님과 또, 누나는
단, 비 끝남을 반가워한다

초가집 처마에 익은 앵두 속
어머님은 오색 떡을 만들고
누나는 일곱 색실로 수를 놓고

솔방울 향기를 담은
가지 마디 마디마다

내 마음 걸어 놓으면

섬돌 앞 사립문 앞
색색이 하늘에 오른 무지개
나에게 안겨 주는 하늘의 다리

실구름 언덕을 따라가며
설 익은 사랑을 잡으려다
애처로움 못내 그리움만 남고

베저고리 흠뻑 젖은 아가씨
만나지도 못한 아쉬움 때문에
해 말무리 지는 꿈속

바쁘게 종이 없는 오선지를 꺼내
리듬도 없는 콩나물을 뿌려
무지개 노래도 불러본다

무지개 2

노란색 사랑 가슴속 보배처럼
하나라도 남기시지!
초록빛 풋사랑 만남의 약속이나마
엄지 척
귀띔이라도 알리시지!
떠나가시는 이여

보라색 조끼에 짧은 남색 반바지도
보릿고개 힘들어서 오지 못한다고
붉은 꽃잎 애태우다
타다 남은 재가 되어
떠나가시는 이여

누르스레한 구름에 맺힌
황사 쓸고 간 자리에 서서
소매로 가리며 울며 잊으려 해도
검은 베잠방이 허리끈 매인 사랑
떠나가시는 이여

〉
하늘 구름 무겁고 무거워서
힘들어하는 사랑을 지게에 진
떠꺼머리총각의
한없이 기다리는 무지개 사랑 속에
떠나가시는 이여

사계절을 적시는 비

봄비는 부슬부슬 이슬비 무지개 나르며 꽃단장하고
여름은 쫙 쫙 소나기 천둥 번개 치며 논밭 헤매고
가을은 산들산들 오곡 곱게 물들이며 갈 길 바쁘고
겨울은 차가워라 쌀 광 문 잠가라

봄비 내릴 때 장가들고 시집가서 자식 낳고
여름비 내릴 때 건장하게 공부하고 일하고
가을비 내릴 때 불혹不惑하여 흔들리지 않고
겨울비 내릴 때 남은 인생 정리하고 가야지

소금 캐는 아낙

바닷가 갯마을
자기장 논을 만들어
바닷물 길러서
햇빛에 말린다

비가 올까 천둥이 칠까
햇빛이 멀리 달아날까
바람이 삐뚤어질까
마음 졸이는 아낙

햇빛 쨍쨍 물이 엉기어
진주로 새 생명 태어나서
흰빛 수정 영롱이면
고무래질하는 맑은 웃음

당신

냄비 속 몸부림치는
파도가 심술부려 모래를 덮쳐도

살림살이 아우성 들으며
눈물 감추며 안절부절못하던

세월 오가피를 되씹으며
바람 지나간 당신의 마음

이제 강물 조용히 흐르는
숨 가쁘게 달려 온 당신

빙송 氷松

만나기 어려운 세상
속절없는 세월
흰머리 가르마에 굵은 주름살
거울에 비친 흰 눈썹
지나간 인생 후회만 남고

혼자 목로를 향하던 길
주모도 없는 옛 주막
벽에 매달린 표주박 술통을 저어
소금 안주도 없이
한 바가지 벌컥―벌컥

외로움에 기다림에
청승맞게 내리는 비 따라
소리 없는 눈물
푸른 소나무에 앉는다
눈, 흰 눈
〉

회오리바람 심장에 흐르는
설익은 감정 뚝 뚝
진눈깨비도 차곡차곡
끝내 가슴에 엉키는데

내 가슴에 품은 당신
끝내 얼음으로 변해
어떤 형상을 만들어 볼까
청순함을 고이 간직한
내 마음 그려
바다에 인어 공주를 따라가고
눈밭에 흰곰이 되어 가면

물보다 더 깨끗하고
쇠뭉치보다 더 강한 것을
큰 힘보다는 더 귀한 것을
값진 것보다는 더 빛나는 마음
〉

소나무에 앉은 함박눈

눈꽃으로 피면

한평생 곧은 마음을 간직한 푸르름

솔향을 풍기며 맺은 구슬들

마음을 엮어 당신에게 주리라

원두막

청벽 깎아 네 기둥
굴참나무에 기대고는
무지개 서까래 여덟 개 만들어
벙거지 쓰고 하늘로 올라가니
해가 지면 찾아오는 달 별

밀짚 엮은 바람막이
사방 열어 놓고
그림같이 펼쳐지는 생명이 춤추는 들판
시원한 수박 한 조각으로
바람 따라 날리는 여름 더위

막걸리 한 잔 술에 시 한 수 짓고
들 떠나가라 노래 부르면
세상만사 즐거우리
삼라만상에 빠져
삿갓지붕 밑에서 꿈속으로 간다

이야기
— 하나

한여름 며칠
땡볕 쨍~쨍
먹구름 얼굴 찌푸리더니
하늘이 노해 있네

아이야!
고목에서 비 피하지 말고
얼른 나오라
천둥소리 요란하더니
죽은 나무 또 벼락 맞네

농단論壇 속에서
소나비도 인생살이
흠뻑 맞으며
숨어 사는 야인野人

이야기
— 둘

기장 수수 밭매고
땔 나무 등에 지고
낚시하는 강태공들
황제 부름에도
아랑곳하지 않고

달, 별, 산, 강이
자연 전부가
내 것인데
지은 옷이 멋진데
무얼 더 바라는가?

언덕을 베개 삼고
폭포에 발 뻗고
넓은 하늘 바라보라
뒤뜰 초당 벗 삼아
세상만사 등진 이여

이야기
— 셋

진흙 속에
꼬리 흔들면서
천년 사는 거북이
이야기 들어보자

서울 올라가
재상 되어봤자
궁전 요란한 장식 그림에
등가죽 뺏기니

자연을 풍류로 삼아
고개에 힘주면서
갯벌에 시를 쓰고
혼자 노래 부르지

세상이 뒤집혀도
천방지축天方地軸 장난쳐도
목만 움츠리고 이것저것 넘보지 않는
이승이 좋다네

이야기
— 넷

강에 살면 갈대
바위에 등대면 억새
네 마음이 갈대면
내 심정 흔들리는 억새

부질없는 인생살이
구름 떠다니는 것
흐르는 물에 이야기를 나누고
바람 부는 대로 살아가세

비바람에 깎이어도
잡지 못하는 건 세월인데
누군들 원망하랴
갈대 억새로 살아가세

이야기
— 다섯

나를 말이라고 하면, 말이지
나를 소라고 하면, 소인 것을
나를 양이라고 하면, 더욱 좋지

장자 선생은 무위자연無爲自然인데
호호 선생님도 누가 속물인가
누가 똑똑한가

조금 돈 있어야 조금 올라가 봐야
세월 살아가는데
정답은 없다네
멍텅구리와 같이 바보 모양 살아가세

이야기
— 여섯

네 것 내 것
어디 있나
아등바등 싸우지 말게나

자식 없다 재산 없다
욕심 없이
베잠방이 표주박에
팔베개면 족한걸

황소 부잣집에 가면
고된 삶 푸른 들판이
다 내 것인데
내 망아지로 뛰놀겠네

하늘 밑이 모두 내 것
다 내 것인걸
보이는 땅 모두 송두리째
손 휘두르며 사는 세상

〉
이리저리 가도 내 발밑인데
하늘 땅 물과 불
자연의 이치대로
들소같이 살지

제3부
애달픈 꽃들의 합창

봄의 향연

설산 깊이 숨어 피는 설 매화
양지마다 햇살 무늬 조각조각
뭉게구름 파란 쑥떡 봄맞이 가자네

시냇가 버들강아지 개구리 겨울잠 깨우고
강남 제비 새집 지며 이사 오는 날
황매화 어린 가슴 설레며 종다리는 하늘 높이 날아오르고
진달래 꽃구경에 개나리도 따라가고

달래 냉이 꽃향기 바구니에 담뿍 담아
노총각 풀피리 소리 처녀 가슴 울렁
민들레 웃음 속에 꾀꼬리 노랫소리 즐겁다

봄비에 며늘아기 호미 들고 나서고
아이야 청산 가자 아지랑이 춤추네!
물무당 뱅뱅이 굿 장단 버들치 피라미 참 방개 똥 방개
냇가며 동산마다 봄이 가득하다

― 월간 종합 문예지《문학세계》 2020년 11월호 당선작

생사生死 1

무無
　소염쟁이 무당벌레로 태어나
　세상 그리운 게 없었던 데
　바위 끝 나락 시방세계
　소박데기는 노예가 되니
　세상도 내 것이 아니라네

생生
　성황당 문창오지 끼운 느티나무
　처진 아랫도리를 살바람에 내놓으며
　머리는 봉두난발 가슴은 차고
　우체통 속에서 문드러지는 편지는
　어둠으로 들어가는 어린 숯덩이

사死
　바람도 외로움 한 섬에
　창량한 바다 위에 파도가 되어
　몇 만 년 노래는 그치지 않으면서

행복의 화신이 되어
시계가 멈추네

생사生死 2

이 세상 태어날 때
손발 땅을 치며
크게 울었지
세상을 쥐어 볼 생각으로

어머니도 반가워 눈물
아버지도 환한 얼굴
할아비 두둥실 춤추고
동네 사람들 모두 기뻐하였지

할아버지 돌아가실 때
일구어 놓은 일 두고 간다고
보람이 있었다고
기쁘다며 눈감았지

아들 며느리는 통곡하고
손주들은 그냥 울었지
사람들은 모두 나와

슬픈 장송곡을 함께 불렀지

니가 하늘에 갈 때는
기절하신 어머니, 눈이 먼 아버지
친구들은 마른 가지 눈을 맞으며
청춘을 훔쳐 간 세상 실의에 잠겼어

하늘에서는 목련을 향하여
뜨거운 함박눈, 진눈깨비 쏟아지는
자연으로 돌아가는 불길이 솟을 때
마지막 이별가도 엉망이었지

뒤돌아보며

나의 욕심 인생만을 가지려
기쁨을 누리려는 한평생
새로운 희망 물들여서
하루하루 지나간 세월

잘 되고 못 되었던 날, 뒤돌아보면
날아오를 수 있다고 생각한 꿈
실패와 아쉬움만 남기면서
세상살이 동반자를 기다리던

막을 수도 없으면서
닦기만 하고
설득할 수 없으면서
설명하다 말만 번지르르

받을 수도 없었지만
남에게 주어야만 하고
잡을 수도 없었지만

희망을 꿈꾸었던 어린 시절

지키지도 못하면서
가질 수 있는 사랑에 헤매다가는
잊어버릴 수도 지울 수도 없는
유리창에 흐르는 눈물

이제는 이기려 해도
힘도 야심도 없어
받아들여야 하는 운명
찾아오는 날 잊지 않으리오

날마다 날마다 밟아 온
섬돌 위에 놓인 신발 한 짝
감사하는 마음으로 후회 없이
짧은 인생 세월의 뒤안길로 가네

빗방울의 이별

삼신할머니 점지하여
새로 태어난 빗방울 두 형제
삼신산三神山에 터 닦으려
형아, 동생아
초가삼간 집을 짓자고
정답게 이야기하네

산마루 바위에 앉자
좀 쉬어 가자
서로 손 잡으려고 해도
북한강北漢江을 바라보고
금강錦江에 미끄럼질

서로 보며 손을 저으며
애타게 부르는 소리
맏이여 동생아
형아! 아우여
쉬지도 못하면서 자꾸자꾸 멀어지네

〉
올라가지는 못하면서
바위에 부딪히고
울며, 불며 헤엄 질도 잊은 채
기진맥진 숨이 막히도록
되는 데로 떠내려가는
각 각 두 형제

만날 기약도 없이
서울에서 살까 공주에서 살까?
서해에서 서로 만날까?
혼령으로 구름이 되어 만날까?
한금령漢錦嶺의 애환을 그린
빗방울 두 형제

서른 그리고 여덟

그대!
내 심장 곳곳
연못 파 놓은 사랑을 보셨나

섣달그믐
당신 연실을 끊어버려도
오늘은 어찌 이리 보고 싶을까

껄껄 웃으며
지르박 부르스에 탱고까지 버리고
설 전전날 검은 삿갓 쓰네

이제는 알았다!
정말로 네 맘 알았어
동전 셋닢 물고 가는 것을

주머니도 없는 옷 입고 갈 바
아버지 어머니 무얼 궁금해

세상 구경 왜 나오셨나!

이제
네 나이 뜀박질하는데
오늘 저녁 하늘에서 가마가 오다니

달아
달아
이태백 친구 닮은 달아

이승에서 이루려던 네 꿈
삼베옷 날개 휘저으며
하늘로 날아가려나

아빠가
서른 그리고 여덟을 세면서
갑자을축 빌고 또 빌어 본다

아들아 어서 가라

청춘을 불 살라서
따사한 햇빛 바람도 시원하다
하늘은 푸르르고
걸음도 가벼웠었는데

세상은 즐거웠고 땅과 바다는 넓은데
하늘만이 너를 반겨주나
입가는 이야기하는 듯
얼굴에는 환한 미소가

38세 장부가
천지가 암흑이요
상하가 뒤바뀌고 옥석이 따로 없네
강산이 쪼개지다니

달빛 별빛 흐리더니
밤하늘 검더니 눈이 되어
매서운 한겨울 피지도 못한 목련木蓮

대나무도 부러지는구나

세상은 고요의 적막
잠깐 사이 큰 변이로구나
태양보다 더 큰 유성이 피안의 대지 먼 곳으로 가나
너를 감싸고 하늘로 올라간다

하늘이 무너져라
어머니는 통곡 아버지는 눈이 먼다
나의 아버지 생이별해도
울지 않으면서 살았는데

까~ 꿍 까~ 꿍
잼~ 잼 도리도리 어부바 어부바
바라보았던 웃음은 눈물
사랑은 뒤로 남긴 채

재롱과 사랑 한껏 주고

모든 사람에게 희망을 주었는데
주먹으로 땅을 쳐도
가슴에 옹이로 변해

이제 가려면 미련도 가지고 가라
영혼은 하늘에서
마음껏 훨~훨 날아
자연으로 돌아가라

― 2017(丁酉年) 음력 정월 초하루 순천향병원에서
 금쪽같은 아들의 얼굴을 마지막 보는 아버지가

매화 1

하늘 땅이 생기며
닭 울음
처음 들릴 때

겨울 끝자락 눈발에선
꽃의 우두머리
봄의 전령 오시네

흰 꽃
붉은 꽃 푸른 꽃
아름다움이 어우러져

선비의 굳은 의지를
화가가 그리면
은은한 향기 천 리를 달린다

매화 2

눈바람 매서움 견디면서
흰 목도리 걸치고
붉은 적삼 입고
파아란 치마 두르고

사랑을 담은 봉우리 채
매화 가지 꺾어 던져주면
이내 마음 부풀었네
가슴 콩 콩 뛰네

마르지 않은 두 입술
청매화밭에 숨겨 두고
버드나무 늘어진 노래에 젖어
봄 처녀를 기다리는 여린 순정!

매화 3

계절의 갈림길
봄비 촉촉 젖은 매화 쌈밥 한 술
눈으로 먹으며
사방치기를 하며 놀자

신맛도 맡아 보고
쓴맛도 삼키면서
어긋나지 말고 약속한 엄지척
매화 연가를 부르자

다시 추위에 얼더라도
먼동이 틀 때까지
두려움을 이기고
시샘을 물리치고

언덕을 고생 삼아
지루하게 기다린 사랑
땅을 가득 채워보자
우리의 꽃이 되자

매화 4

누이 시집가던 날
흰 벙어리장갑에
매화 한 송이

안산 언덕에 피어나는
동쪽 무지개
어머님 눈시울에 피어있네

쪼들리는 세월에도
청매실이 푸르게
눈물 고인 베적삼

설란雪蘭 흠뻑 젖어
시 한 수에 빠져
매화 향 속에 잠든다

— 예술의 전당 소 전시실(2022. 4.1~4.5)

봉선화 1

저녁노을 담 밑에 앉으면
울 밑에 핀 봉선화
손수건에 수 놓아주었던
시집간 누나 생각

세 갈래 머리 곱게 따고
부엌에서 나오는
붉은 얼굴 내리감는 눈
너무나 앳된 그림 속

무명천으로
손끝마다 칭칭 감아
앞집 아가씨 생각
명지 손톱 물들여 꿈을 이루지!

봉선화 2

말없이 가는 길
뒤돌아보는 걸음마다 서린 발
꽃잎으로 덮어가며
마음속 뜨겁게 타는 사랑
불꽃 연정을
누구인들 막을 손가

언제 만 날 기약 없어
애처로운 눈빛
저녁노을 물들이고
그리움만 쌓여
천년만년 지는 향기
맴돌았던 봉선화

—《청주문학》제45집(2021. 11. 15)

봉선화 3

붓 자락 휘어잡아
청운의 꿈을 심으려
먼 길 떠나시는 임의 뒷모습
어사화 꿈을 믿는
붉은 순정 담긴
너의 마음

한여름 밤 나날이 지내면서
별을 보고 달을 보며
두 손 모아 절을 하며 기도하고
이때나 저 때나
담 옆에서 기다리는
너의 마음

가슴에 담고 담은 그리움
비구름 몰아쳐 서린 아픔
온 정성을 무명천으로 감고 감아
손톱에 물들이며

오직 그대를 위하여 바치려는
너의 마음

기다림에 지쳐도
달 별 찾으며 이슬을 머금고
오뉴월 긴긴해 동지 긴 밤을
속 태우며 뒤척이며
오직 사랑 하나만을 바라는
너의 마음

햇살 문틈으로 들어오듯
반딧불이 하늘을 날고
이제는 사랑하는 이에게 알리리라
붉은 마음 간직한 열매는
하나하나 톡 톡 터트리네
너의 마음

석양의 붉은 구름을 그리는

울 밑에서 엄지 손 약속해요
두 어깨 가슴 맞대고
누가 보아도 아랑곳하지 않고
입맞춤 크게 하며 불태우리
너의 마음

옥잠화 1

달빛에 피리 부는 조각마다
수줍게 여미는 푸른 옷고름
꾸미고 치장을 하고 선 발돋움 높여
순정을 간직한 붉은 네 입술
누구를 기다리는가?

바람결에 옷소매 흐느적거리면
예쁜 옥잠화 며느리
가슴속까지 부끄러움
무지개 청실홍실 밤은 깊어
촛불이 춤추는 거칠어진 숨소리

옥잠화 2

땅에서 오는 피리 소리
계수나무를 흠뻑 적시네
월궁月宮의 공주 항아姮娥
찬 이슬에 쌓인 노래 하도 슬퍼
가슴 울리는 노랫소리 갚음으로
마음을 담은 결혼 예약 옥비녀
옥잠화玉簪花에 던졌네

떨어뜨린 옥비녀 찾는 이 없고
노래는 연년이 지나 큰 바윗골에 엉기어
꾸미고 여미고 단장을 하고
푸르고 흰 옷 입고 누구를 기다리는지
산자락 떠나지 못하고
한스러워라 옥잠화

골짜기 물에 비친 얼굴
달은 망월 옷을 입고 나와
도라지도 다래 순과 친구를 하며

누에들 여럿이 모여 실을 짜며
이야기 주고받는 모습 보려나
너희 목소리 내지 않으면서
옷 소매 스치는 소리까지
남의 이야기만 잘 듣는
천상에 살던 옥잠화야!

제4부
늦가을 빈 가슴

그리운 이에게

당신 어렵사리 만나서
첫 입맞춤 한 것이
강산은 다섯 번이나 훨씬 지나
머릿결 아름다움이
지금은 설풍雪風 되었소

장모님 광목 이불 펼쳐
풀을 곱게 발라 다듬질해 접으며
떨어지지 말고 붙어살라고
두 손 맞잡고 맹세한 날이
훌쩍 칠십이 넘었소

이마에는 고생 쌓인 주름 더 커지고
우리 갈 시간은 얼마 안 남았지
어렵고 어려운 일 서로 잘 참았지요

애들도 각기 바쁘다고 합니다
이제 못다 한 정 오붓함을 그려 보려

나를 지켜주신 당신에게
새로 살 새로운 집을 지어 드리리다

청벽青甓 위에 구름 따서 넓은 터 닦아
천년 묵은 거북이 등딱지 떼어다 바윗돌에 붙이고
푸른 하늘 떼어다 천장 만들고
총석정 바위 갈고 켜 네 벽 만들고
이어도 바닷물 뒤 마름질 다져
대패로 반들반들 밀어
방바닥에 곤륜산崑崙山 옥 깔아 줄게요

은하수 걷어다가 울타리 치고
염라대왕이 드나드는 사천왕 대문 옮기고
정원에는 계수나무, 잣나무, 사군자
뜰에는 양귀비 개양귀비 장녹수 옥잠화
울타리 담장 밑에 사과나무, 석류
텃밭에 하수오 산삼 심고
화분에 선인장 꽃을 피워요

〉
굽이굽이 흐르는 강물 떼어 예쁜 머리띠 두르고

진주조개 모아 패옥佩玉 만들고

별빛 하나하나 꿰어 목걸이

붉은 하늘 오그려서 황혼 반지 만들고

옥황상제가 보낸 선녀 옷 천의무봉天衣無縫 입힐게요

아침이면 창문 열어 가슴 활짝

산, 들, 냇가 노닐면서

이글거리는 태양 한 삽 떠다가

아궁이에 군불 지펴서

아랫목 따뜻한 곳 재우리요

새벽 하현달에 맺힌 이슬 금수저로 먹고

토끼가 찧은 계수나무는 은수저로 먹고

걸왕傑王 금잔옥대金盞玉臺 뺏어다가 감로주 따르고

바람에 남미南美 커피 배달케 하고

신선 선녀 시켜 산해진미 먹으며 놉시다

〉
천수天水 계곡 맑은 물에 목욕하며
머리에 옥비녀 꽂고 나를 반기면
입맞춤, 손잡으면 저고리 옷고름 풀며 수줍어질 테지요
나는 서당書堂에 앉아 가르침 대 잡고
신선神仙 아들딸 가르치는
가나다라, 하늘 천天 따 지地

이제 언어 이전 미지의 세계
못다 한 사랑 그리며 천년만년 살고 싶네요
그대 그리운이여
사랑스러운 임이여

빈 가슴

해 질 녘
하루살이들 애나 어른 할 것 없이
온몸 뒤흔들며
트위스트

모닥불 연기에
모기들 멀찌감치 달아나도
힘도 없는 불나비 들
무턱대고 덤비네

넘어지는 황혼
해그림자 쉴 곳 없자
해바라기는 담 밑에 마냥 서서
달빛 이슬 먹네

축 늘어진 버드나무
말라빠진 가지는 봄을 타는데
바람이 멈추자 닭 쫓던 개 헛바닥

더위를 먹었군

늙은이들 곰삭은 세월 속에
태양 고추 말리며
싸리비 마당질에 누가 오나 구부정하게
기다리는 까치발

구석구석 요기조기
아래 윗목 숨을 쉬는 구들장
등 허리 따스하게,

천상으로 올라가는 무지개 꽃
파인 구름 비켜
잠겨진 문 스스로 열리면
빈 가슴 채우는 하늘,

한밤 창끝에 매달려
흰 귀신으로 둔갑한 커튼 자락 펄럭이면

마실 갔다 오던 우리 아들
소스라쳐 놀라지

이 마음 저 마음 풀무질해도
빈 가슴 마냥 채워주는
어머님의 흰 떡가래

시냇물 흐르는 곳

시냇물 흐르는 뚝방 위에
혼자 외로운 이
새털구름이 달려가며 편지 나를 때
아카시아 향기 속 그리움에 쌓여
너의 얼굴 더듬는다

접시 비행기 타고 날아가
아지랑이 꿈속 너에게 사랑한다고 말한다면
아마 웃어줄 거야
거짓이건 진실한 웃음이든
사랑한다는 말 한마디로 행복하니까

만나고 싶은 아쉬움
잡힐 듯 보이지 않아 버들잎 따 던지며
여울 속으로 쫓아가는 거야
바다를 헤엄치는 그리움
바람을 타고 산을 넘어 하늘로 가보는 거야
〉

하늘은 너무 넓어
달은 구름 뒤에 숨어 버리고
별들은 너무 멀다고 하니
시냇물처럼 깜빡 지나간 세월도
허공에 떠 절이는 가슴만 더할 뿐

안서雁書

가을을 부르며
혹여 기러기 발에 매인 소식?
소리 질러 물어보아도
기러기 내려앉으며 우는 두 마디
구~구

발목을 먼저 보아도
편지는 보이지 않고
말소리만 허공에 날아
참으로 미안하다,
기러기야

같이 지나온 38년
이다지 슬픈 사연을 지고 가도
우리 모두 기다리는데도
엄마 아빠 잘있어요, 허공에 맴도는

기러기 편지

아내
— 초혼

검은 머릿결
달덩이 얼굴 반달 속눈썹
사~ 알 짝 웃어주네

해 질 녘 붉게 물든 햇무리 바라보듯
눈동자 청순한 그 모습
파아란 보리밭을 구경하네

온양온천 야자수 밑에서
맑은 물 빚어 몸을 씻고
푸른 명주 치마 입고

아침 이슬 거울 앞에
얼굴 꽃단장 옷고름 만지면
오색구름 칠색 무지개인 당신

아내
— 초년 고생

새벽 밭에 나가 일하고
급하게 손 씻으며 밥을 지었지
면서기 바쁘게 돌아다니다가
저녁 늦게 오면
넷 아이 돌보다 한 축 시달린 그대

아침부터 앞뒤 마당 쓸고는
설거지, 솥뚜껑 행주로 문지르고
장독대 반짝이게 닦으며
큰 집 작은집 쫓아다니며
온갖 허드렛일 모두 맡았지

찌들은 살림 보태려고
담장 위 호박 올리고
감자 심고 고추밭 매고 갈퀴질하고
분무기 어깨 메고서는 농약 치며
담배 줄 매고 엮고
〉

무너진 흙 돌담 쌓으며
마룻바닥 꺼진 곳 못도 박으며
상머슴인 양하더니
예쁘고 고운 얼굴
새카맣게 타 검붉었지

몸이 축 늘어질 때 어디 아플까 조마조마
그래도 웃어주던 그대
헤아리는 마음 너무 안쓰러워
눈시울 뜨거우면서도

따뜻한 말 한마디 못 하는 남자
반신불수, 모르는 환자였나 봐
아니 벌써 알았는데
여보 이제껏 말을 못 했어
여보 너무 미안해!

가을의 소리

땀방울에 지친 하루 끝날 것 같지 않더니
한 날 더위 소리 없이 떠나가고
입추에 창문으로 불어오는 서늘한 바람

이른 새벽 아침을 열면
별빛 하나 희미하고
마지막 매미 소리 그치지 않아도
몰래몰래 찾아오는 가을의 소리

길가 코스모스 바람결에 춤을 추고
민들레 하늘하늘 날다가 솟구치면
이사 가는 기러기 울음소리 하늘에 울리네

강낭콩 한 톨 하모니카 소리
서로 가슴을 열어주면 방울방울 촉촉한 눈망울
마음도 내음도 모든 향을 담아
가을을 파고드네
〉

따사한 햇볕 더 익어가면서
빨간 능금 대추 사랑을 싣고
세월의 뒤안길 곰 삭이면서 물들어가는
가을의 소리
시름도 잊은 채 사색에 잠들게 하네

아침

창문 활짝 숨을 크게 쉬라
아파트 위 푸른 하늘 가르고

삼각산은 손에 잡힐 듯
배꽃 흐드러지게 핀 길
줄을 잇는 힘찬 자가용

두 팔 번쩍 들고 기지개
두 발 힘껏 뛰어 보면

마음이야 천지를 휘감고
꿈을 이루려는
붉은 해 치솟는 아침

귀뚜라미 1

전군 나팔 소리에
코스모스 열병식
울긋불긋 무희들이 춤추면

달빛 창창
뜨거운 노암老岩 식어버리고
국화 찬 이슬 더하면

귀뚜라미 합주곡에
제비 기러기는 이취임식
무르익어 가는 가을

귀뚜라미 2

별 총~ 총
담장에 앉은 흰 박
삿갓지붕을 붙든 수세미
이따금 소슬바람이 나부끼는 나뭇잎 소리

댓돌에 놓인
어머님 흰 고무신 바라보며
응석받이 아들 잠재우려
애쓰는 마음 노래하는
귀뚜라미

적막에 싸인 서러움을 안고
찬 이슬에 젖은 국화는 돌담에 스쳐 가는 구름을 안고
달빛에 떠나가는 기러기
가지 말라 불러보는
귀뚜라미

사무치는 그리움에

미어지는 가슴

여울지는 서글픔 달래보는

귀뚜라미

메말랐던 사막이여

노래로 수놓은 허공 손을 저어보아도

떠나가는 가을 뒤안길

마지막 밤 협주곡 멈추지 않는

귀뚜라미

늦가을
― 초로

먼 하늘 열렸다 닫혔다 하며
산 넘어온 차가운 모래비가 날더니,
첩첩 산 외로운 나무들 흐릿하고
저녁 까마귀 북으로 날고
제비도 사라지네

지붕에 매달린 늙은 호박은 시든 덩굴만 남고
연못 초당 섬돌에 올라서려는
늦은 가을은 힘에 겨워 손을 흔드는데
엷은 이끼들은 둥근 무늬 바랬구나!

펄떡이는 물고기 숨어 버리듯
세속에서 물러남이 어느 때인가?
이제 황혼 녘 함박눈을 맞이하랴?
이리저리 삐뚤삐뚤 노를 젓는 마지막 인생
칠흑같이 어두워진 밤을 치르며
빤짝이는 등대를 보려는가

〉
세월이 느긋하게 간다고 해도
황혼을 맞은 마음이야
가을에 익은 인생 누구를 기다리랴
인생이 한갓 초로草露인 것을

비쩍 마른 모기가 세상을 등에 짊어지고
끝내 뱀 그림자 보고 놀라 떠는 신세
구름은 빗물이 되어 주렴을 드리우고
글을 읽어도 명예가 굶주림을 구제 못하리

심야 짧아진 촛불 아래 시詩 쓰기도 시큰둥
된서리로 친 가을 기운은 야윈 뼈를 흔들고
허전한 수심은 흰 머리 위에 오르네
세속 티끌의 길에선 깨끗해도 위태로울 뿐
뒤얽힌 생각 모두 허망하여라

오 사랑

기다려도
또 기다려도
어디에서도 오지 않는 임
하늘에서나 만날까?

별의 사랑
원앙새의 사랑
천하를 호령하는 사나이도
사다리를 타고 기다리는 것은

해를 녹여 붉은 금강석
물길 엮어 목걸이
폭포 떠다가 반지 만들고
총석정 뜯어다 패옥 거리도 만들어야지

사랑을 해보지도 않으면서
머릿속은 웅변을 한다
〉

낙랑공주 자명고 사랑
헌화가 사랑
춘향이의 일편단심
그리고
또 그리고

오 사랑
망부석으로 변해도
기다리네

시작

뛰어!
발은 길게
팔은 넓게
눈은 크게
귀는 멀리
마음은 높이

출발하는 마음가짐
언덕을 향하여
초심을 잃지 말자

크게 숨을 쉬라
하늘을 향해
더 크게 가슴을 펴라
세상이 안길 때까지
꿈이 이룰 때까지

시작은 익히고 배움

알고 일할 때까지

고난과 노력 사람을 만들어

사회를 이끌고

나라에 공헌하리

암흑

하늘은 잿빛
검은 구름 파도가 넘치며
큰 산 작은 산 모두 움츠리고
강물 자락이 서서 달리네

바람 골에서 내려치는 바람
기왓장 날아가고
갈라지는 들판이
안절부절못하고

별들이 모두 숨어 버리고
칠흑 같은 밤이며
지옥의 사자가 큰 칼을 들 때
그래도 빛을 찾는 희망

촛불

꺼질 듯 꺼질 듯 가물거려도
떡시루 가운데 앉아
몸을 태우며
인생 어려움을 건디리

아이와 손잡고
춤을 추는 파티
구석진 의자에서 만나는 사랑
동방화촉洞房華燭의 꿈

제사상 어머님 눈물
세상사 살아가는 딱 한마디
파도 너울져도
움직일 줄 모르는 촛대바위

사랑은 늘 도망가는가 봐

수줍은 아이가 되면
사랑의 노랫소리 멀리서 들리네
잼버린 사랑을 행여 놓칠세라
두 손으로 꼭 움켜쥐려고 하니
부는 바람은 잠시 쉬지도 않고
붙잡히지 않으려고 떠나네
오늘도 사랑에 지친 하루

사랑이 달콤하다 아름답다 알았더니
두 갈래 길 험한 길 장막에 막히고
오가피 가시에 찔린 쓰라린 사랑이던가
이별의 아픔을 잊지 못할 사랑이던가
바라던 사랑 어처구니없이 날려 버리고
왜 도망가는지 눈물이 난다
사랑은 늘 도망가는가 봐